이 책을 익히는 법

단어를

단어의

예시

the를 한 번 쓸 때마다
'더, 그'라고 말한다.

차례

빈도순 초등 영어 단어 112
1판 1쇄 2023년 3월 14일 | **1판 3쇄** 2024년 12월 14일 | **지은이** Mike Hwang
발행처 Miklish | **전화** 010-4718-1329 | **홈페이지** miklish.com
e-mail iminia@naver.com | **ISBN** 979-11-87158-46-2

초등영어 끝내기 순서

알파벳을 모르는 수준 ·········

아빠표 영어 세트 (= 아빠표 영어 구구단 시리즈)

한국어를 배울 때 '글'이 아니라 '말'부터 배우는 것처럼, 영어도 '말'부터 배워야 한다. 다만, 모국어가 확립된 5세 부터는 많은 노출(영어 상호작용)이 아니고는 바로 영어로 받아들이기 어렵다.

그래서 '한국어와 영어의 차이'를 문장의 패턴을 통해 자연스럽게 익힐 수 있게 했다. 가르치는 법 강의 제공, 세이펜/휴대폰(QR코드)/컴퓨터로 원어민의 소리를 확인할 수 있다. 154,000원(12권, 카드 100장)

초등 2학년이 1년쯤 집에서 아빠표 영어를 익히고, 근처 어학원에서 테스트를 했어요. 어디서 배웠길래 레벨이 중학생 수준이냐고 하시더라고요. - 010 6636 ****
아이에게 해줄 설명까지 위에 나와있어 엄마가 뛰어난 실력을 갖고 있지 않아도 그대로 따라하면 유아파닉스 홈스쿨링 가능합니다. - lalla**

알파벳 순서 점선 따라쓰기 572

아빠표 영어 구구단을 적어도 5단~9단까지 익힌 뒤 '알파벳의 이름'과 '알파벳이 가진 대표 소리(발음기호)'를 따라쓰고 말하며 익힌다.

26자 알파벳(대소문자)을 각 11회씩, 총 572번을 쓰면 알파벳의 쓰는 법, 이름과 소리를 익힌다. QR코드로 원어민 소리 확인 가능. 1,500원 (배송비 절약문고)

파닉스를 모르는 수준

아빠표 초등영어 파닉스

아빠표 영어에 쓰인 단어들을 통해 알파벳+파닉스(+발음기호)를 익힌다. 한글의 소리로 배우는 파닉스. 11,400원 (아빠표 영어 세트에 포함)

초등영어 파닉스 119

'아빠표 초등영어 파닉스'의 하단 단어에서 뽑은 알파벳 순서로 익히는 파닉스. 각 단어마다 사진 수록, QR코드로 원어민의 소리 확인 가능. 1,500원

빈도순 초등영어 단어 112

교육부에서 선정한 800단어를 원어민이 더 많이 쓰는 것부터 112개를 배운다. 각 단어마다 사진 수록, QR코드로 원어민의 소리 확인 가능. 부록으로 빈도순 800단어 수록. 1,500원

다음 단계

아빠표 초등영어 교과서 → 2시간에 끝내는 한글영어 발음천사 → 8문장으로 끝내는 유럽여행 영어회화 → 8시간에 끝내는 기초영어 미드천사 왕초보패턴▶기초회화패턴 → 단단 기초 영어공부 혼자하기

you   you

you

1 | **you** [ju 유] 너는, 너를

2 | **I** [ai 아이] 나는

I   I

I

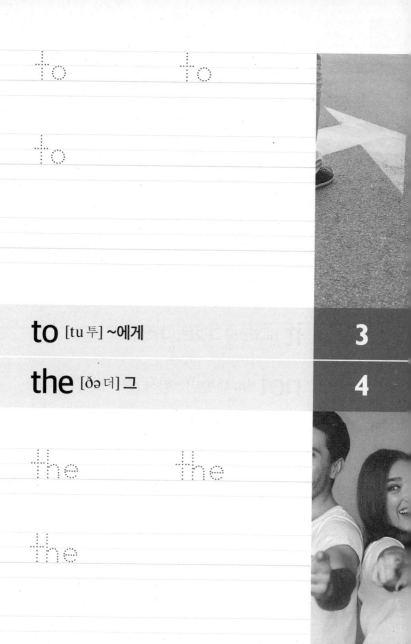

to [tu 투] ~에게

3

the [ðə 더] 그

4

it   it

it

5

it [it 잍(ㅌ)] 그것은, 그것을

6

not [nát 낱(ㅌ)] ~하지 않는다, ~가 아니라

not   not

not

a   a

a

a [ə 어] 한   **7**

that [ðæt 댙(ㅌ)] 저, 저것   **8**

that   that

that

and   and

and

9 **and** [ænd 앤드] 그리고

10 **do** [du 두] 한다

do   do

do

have   have

have

have [hǽv 햅(ㅂ)] 가지다   11

what [wɑt 왙(ㅌ)] 무엇은, 무엇을   12

what   what

what

9

of   of

of

| 13 | **of** [əv 업(ㅂ)] ~의 |
| 14 | **know** [nou 노우] 안다 |

know   know

know

in   in

in

in [in 인] ~안에   **15**

go [gou 고우] 가다   **16**

go   go

go

this   this

this

| 17 | **this** [ðis 디스] 이, 이것 |
| 18 | **get** [get 겔(ㅌ)] 생기다 |

get   get

get

no no

no

no [nou 노우] 누구도 ~하지 않는다   **19**

for [fɔ́r 폴] ~을 위해   **20**

for for

for

we   we

we

21 **we** [wi 위] 우리는

22 **he** [hi 히] 그는

he   he

he

just just

just

just [ʤʌst 져스트] 단지, 딱 **23**

will [wil 윌] ~할 것이다 **24**

will will

will

be   be

be

25

be [bi 비] 상태·모습이다

26

on [on 온] ~에 접촉해서

on   on

on

with   with

with

with [wɪð wiθ, 윋] ~과 함께   **27**

SO [sou 쏘우] 그래서, 아주   **28**

so   so

so

!

but   but

but

---

29 **but** [bət 벝(트)] 그러나

---

30 **she** [ʃi 쉬] 그녀는

she   she

she

all   all

all

all [이 얼] 모든   31

well [wel 웰] 잘, 글쎄   32

well   well

well

think think

think

| 33 | **think** [θiŋk 띵크] **생각하다** |

| 34 | **want** [wɔnt 원트] **원하다** |

want want

want

about   about

about

about [əbáut 어바울(트)] ~에 대하여   **35**

right [rait 롸잍(트)] 옳은, 오른쪽   **36**

right   right

right

here   here

here

| 37 | **here** [hiər 히얼] 여기 |

| 38 | **out** [aut 아웉(ㅌ)] 밖에 |

out   out

out

there there

there

there [ðέər 데얼] 거기   **39**

like [laik 라익(ㅋ)] 좋아한다   **40**

like like

like

if   if

if

41	**if** [if 이프] ~한다면
42	**can** [kǽn 캔] ~할 수 있다

can   can

can

come   come

come

come [kʌm 컴] 오다   43

say [sei 쎄이] 말로 표현하다   44

say   say

say

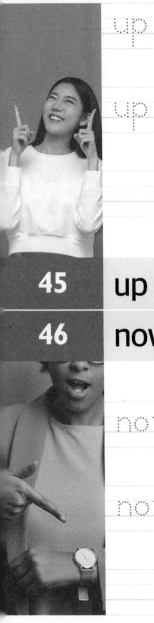

up   up

up

45 **up** [ʌp 엎(ㅍ)] 위 쪽으로

46 **now** [nau 나우] 지금

now   now

now

they   they

they

| **they** [ðei 데이] 그들은 | **47** |
| **tell** [tel 텔] 말로 알리다 | **48** |

tell   tell

tell

how   how

how

| 49 | **how** [hau 하우] 어떻게, 얼마나 |
| 50 | **see** [si: 씨이] 보(이)다 |

see   see

see

at at

at

at [æt 앹(ㅌ)] ~의 지점에서 **51**

look [luk 룩(ㅋ)] 눈을 향하다 **52**

look look

look

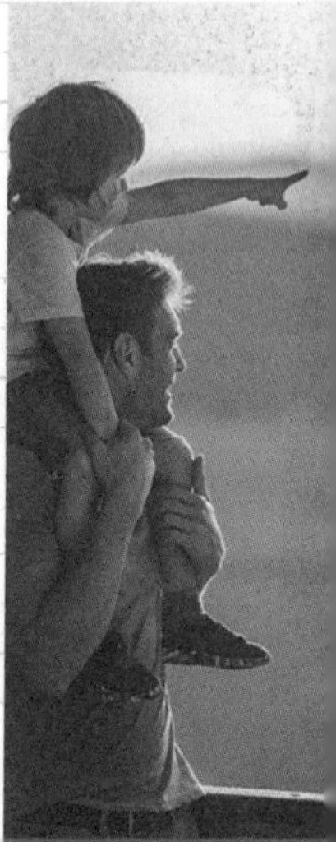

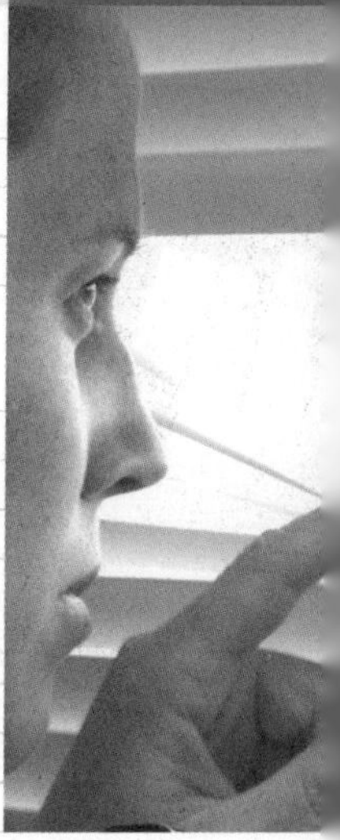

one　　　　　one

one

| 53 | **one** [wʌn 원] 어떤 한 사람, 어떤 한 물건 |
| 54 | **make** [meik 메익(ㅋ)] 만들다 |

make　　　　make

make

why   why

why

why [wai 와이] **왜**   **55**

take [teik 테익(ㅋ)] **가져가다**   **56**

take   take

take

good good

good

| **57** | **good** [gud 굳(ㄷ)] 좋은 |
| **58** | **time** [taim 타임] 시간 |

time time

time

could   could

could

could [kud 쿤(ㄷ)] ~할 수도 있다   **59**

as [æz 애즈] ~할 때, ~로서   **60**

as   as

as

who who

who

| 61 | **who** [hu 후] 누구 |
| 62 | **when** [wen 웬] ~할 때 |

when when

when

love   love

love

love [lʌv 럽(ㅂ)] 사랑하다   **63**

thing [θiŋ 띵] ~것   **64**

thing   thing

thing

back   back

back

| 65 | **back** [bæk 백(ㅋ)] 뒤로 |
| 66 | **from** [frəm 프럼] ~로 부터 |

from   from

from

need　　need

need

need [ni:d 니이드] 필요하다　　**67**

yes [jes 예스] 그래　　**68**

yes　　yes

yes

원어민
소리 듣기

some   some

some

| 69 | **some** [səm 썸] 약간 |
| 70 | **or** [ɔ́r 오얼] 또는 |

or   or

or

because   because

because

because [bikɔ́z 비커즈] ~하기 때문에   **71**

talk [tɔːk 턱(ㅋ)] 대화하다   **72**

talk   talk

talk

way way

way

| 73 | **way** [wei 웨이] **방법, 길** |

| 74 | **thank** [θæŋk 땡크] **감사하다** |

thank thank

thank

give give

give

give [giv 기브] 주다   **75**

little [lítl 리틀] 작은, 적은   **76**

little little

little

where   where

where

77	**where** [wɛər 웨얼] 어디(에서)
78	**never** [névər 네벌] 절대 ~하지 않는다

never   never

never

too [tu 투] 너무 **79**

man [mæn 맨] 남성, 사람 **80**

man　　　man

man

guy   guy

guy

81	**guy** [gai 가이] 사내
82	**should** [ʃud 슌(ㄷ)] ~해야 한다

should   should

should

feel　　　feel

feel

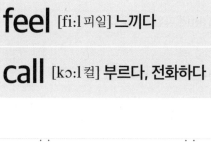

feel [fi:l 피일] 느끼다　　83

call [kɔ:l 켤] 부르다, 전화하다　　84

call　　　call

call

45

find   find

find

85 **find** [faind 파인드] 찾다

86 **try** [trai 트롸이] 시도하다

try   try

try

over   over

over

over [óuvər 오우벌] ~위에   **87**

sorry [sɔ́:ri 써뤼] 미안한   **88**

sorry   sorry

sorry

work   work

work

| 89 | **work** [wəːrk 월크] 일하다 |

| 90 | **down** [daun 다운] 아래쪽으로 |

down   down

down

very　　　　very

very

very [véri 베뤼] 아주　　**91**

by [bai 바이] ~에 의해　　**92**

by　　　by

by

49

wait   wait

wait

| 93 | **wait** [weit 웨잍(ㅌ)] **기다리다** |
| 94 | **help** [help 헲(ㅍ)] **돕다** |

help   help

help

much　　much

much

much [mʌtʃ 머취] 많은, 많이　　95

any [éni 에니] 어떤　　96

any　　any

any

off   off

off

<table>
<tr><td>**97**</td><td>**off** [ɔːf 어프] ~에 떨어져서</td></tr>
<tr><td>**98**</td><td>**please** [pliːz 플리이즈] **부탁합니다**</td></tr>
</table>

please   please

please

only   only

only

only [óunli 오운리] 오직　　99

people [pí:pl 피이플] 사람들　　100

people   people

people

day   day

day

| **101** | **day** [dei 데이] 날 |
| **102** | **keep** [ki:p 키잎] 유지하다 |

keep   keep

keep

god   god

god

god [gad 갇] 신

show [ʃou 쇼우] 보여주다

show   show

show

nothing   nothing

nothing

| 105 | **nothing** [naθiŋ 낟띵] 아무 것도 아니다 |
| 106 | **into** [íntu 인투] ~의 안 쪽으로 |

into   into

into

again   again

again

again [əgéin 어게인] 다시   **107**

great [greit 그뤠잍(ㅌ)] 대단한   **108**

great   great

great

ask   ask

ask

| 109 | **ask** [æsk 애스크] 묻다, 요구하다 |
| 110 | **night** [nait 나잍(ㅌ)] 밤 |

night   night

night

believe   believe

believe

believe [bilíːv 빌리브] 믿다   **111**

before [bifɔ́ːr 비폴] ~전에   **112**

before   before

before

단어 뜻은 〈엄마표 영어: 흘려듣기 절대로 하지마라 (2,000원)〉 부록 참고하세요.

113 than	148 remember	183 break	218 part
114 stop	149 father	184 tonight	219 face
115 put	150 marry	185 meet	220 chance
116 away	151 run	186 forget	221 hate
117 long	152 together	187 same	222 hour
118 home	153 name	188 die	223 morning
119 dad	154 hope	189 pretty	224 close
120 fine	155 nice	190 job	225 brother
121 friend	156 might	191 head	226 open
122 kind	157 bring	192 hand	227 point
123 listen	158 kid	193 already	228 sleep
124 after	159 family	194 may	229 school
125 year	160 worry	195 next	230 heart
126 big	161 mind	196 world	231 true
127 last	162 every	197 honey	232 business
128 around	163 enough	198 hard	233 wife
129 live	164 idea	199 walk	234 easy
130 use	165 old	200 pay	235 eye
131 kill	166 must	201 sit	236 stand
132 start	167 turn	202 watch	237 case
133 always	168 problem	203 both	238 sister
134 care	169 move	204 word	239 different
135 stay	170 boy	205 dead	240 drink
136 girl	171 miss	206 plan	241 many
137 late	172 another	207 sound	242 save
138 wrong	173 house	208 child	243 fact
139 new	174 change	209 alone	244 send
140 woman	175 hold	210 check	245 pick
141 mother	176 happy	211 question	246 decide
142 bad	177 son	212 today	247 wish
143 guess	178 play	213 car	248 tomorrow
144 understand	179 room	214 ready	249 town
145 hi / hello	180 money	215 week	250 speak
146 baby	181 left	216 end	251 fight
147 place	182 lie	217 doctor	252 ago

253 daughter	288 catch	323 dance	358 class
254 door	289 dinner	324 touch	359 key
255 crazy	290 against	325 honest	360 forever
256 afraid	291 husband	326 full	361 poor
257 between	292 almost	327 movie	362 mad
258 important	293 office	328 build	363 quick
259 buy	294 cool	329 water	364 top
260 eat	295 side	330 fast	365 cover
261 read	296 picture	331 welcome	366 busy
262 fun	297 safe	332 paper	367 black
263 fall	298 young	333 company	368 country
264 answer	299 bed	334 pass	369 fix
265 glad	300 also	335 control	370 air
266 couple	301 blood	336 grow	371 arm
267 date	302 wear	337 foot	372 enjoy
268 under	303 dream	338 agree	373 evening
269 drive	304 behind	339 hundred	374 human
270 lady	305 inside	340 strong	375 red
271 fire	306 high	341 dog	376 trip
272 hit	307 ahead	342 push	377 club
273 act	308 cut	343 hair	378 memory
274 hang	309 sick	344 future	379 calm
275 far	310 death	345 luck	380 present
276 book	311 along	346 sell	381 burn
277 write	312 drop	347 cold	382 accident
278 power	313 finish	348 white	383 smart
279 line	314 learn	349 food	384 small
280 hospital	315 body	350 wake	385 ball
281 alright	316 front	351 birthday	386 table
282 wedding	317 clear	352 clean	387 fly
283 number	318 light	353 street	388 mouth
284 police	319 hot	354 begin	389 middle
285 story	320 test	355 city	390 cry
286 free	321 win	356 become	391 ring
287 month	322 early	357 teach	392 angel

빈도순 초등 영어단어 393~672위

단어 뜻은 〈엄마표 영어: 흘려듣기 절대로 하지마라 (2,000원)〉 부록 참고하세요.

393 gentleman	428 park	463 cat	498 condition
394 war	429 choose	464 fat	499 taste
395 lunch	430 join	465 rock	500 neck
396 music	431 leg	466 rich	501 nurse
397 tape	432 fill	467 shoe	502 south
398 college	433 captain	468 peace	503 land
399 bill	434 file	469 paint	504 group
400 history	435 bathroom	470 low	505 study
401 hurry	436 window	471 cash	506 bedroom
402 kick	437 return	472 nose	507 pants
403 voice	438 difficult	473 ground	508 area
404 letter	439 favorite	474 weekend	509 focus
405 cute	440 uncle	475 type	510 desk
406 smell	441 cross	476 grandfather	511 band
407 shop	442 boss	477 king	512 field
408 quiet	443 afternoon	478 danger	513 chair
409 road	444 finger	479 warm	514 hat
410 short	445 across	480 twice	515 wind
411 carry	446 song	481 animal	516 ship
412 near	447 boat	482 smile	517 sun
413 invite	448 brain	483 fish	518 bottle
414 gift	449 breakfast	484 fantastic	519 copy
415 dark	450 age	485 mail	520 cousin
416 ice	451 train	486 cost	521 dry
417 aunt	452 visit	487 green	522 skin
418 floor	453 double	488 bottom	523 often
419 certain	454 sad	489 cook	524 restaurant
420 earth	455 fool	490 church	525 address
421 sing	456 slow	491 glass	526 heaven
422 yesterday	457 board	492 bank	527 corner
423 note	458 hungry	493 tree	528 hero
424 store	459 kitchen	494 fresh	529 bear
425 wall	460 during	495 art	530 airport
426 blue	461 space	496 dirty	531 bite
427 deep	462 discuss	497 goodbye	532 horse

533 beach	568 meat	603 wet	638 parent
534 brown	569 sugar	604 map	639 wood
535 gold	570 brave	605 wash	640 adult
536 form	571 large	606 pocket	641 garden
537 sea	572 prince	607 travel	642 fever
538 bright	573 football	608 soft	643 clever
539 queen	574 stone	609 sky	644 prize
540 ugly	575 base	610 bath	645 mountain
541 add	576 block	611 east	646 math
542 moon	577 handsome	612 mirror	647 newspaper
543 size	578 river	613 tall	648 egg
544 student	579 race	614 tour	649 brand
545 however	580 lake	615 hill	650 toy
546 birth	581 cheap	616 introduce	651 delicious
547 roof	582 clock	617 gate	652 tail
548 bird	583 ear	618 crowd	653 bread
549 bomb	584 weight	619 homework	654 bowl
550 color	585 draw	620 bug	655 concert
551 heavy	586 score	621 button	656 chain
552 nature	587 snow	622 baseball	657 apple
553 west	588 monkey	623 farm	658 duck
554 above	589 bridge	624 pink	659 fruit
555 lesson	590 oil	625 bell	660 contest
556 beauty	591 doll	626 ghost	661 print
557 shock	592 science	627 season	662 enter
558 heat	593 pig	628 hunt	663 headache
559 famous	594 weather	629 fail	664 cow
560 north	595 stress	630 ocean	665 basketball
561 knife	596 borrow	631 swim	666 design
562 fan	597 example	632 bat	667 circle
563 speed	598 joy	633 holiday	668 guide
564 curious	599 library	634 humor	669 telephone
565 candy	600 battle	635 yellow	670 flower
566 milk	601 bone	636 sale	671 goal
567 rain	602 anger	637 giant	672 basic

673 habit
674 shy
675 castle
676 basket
677 museum
678 background
679 exercise
680 engine
681 cookie
682 adventure
683 flag
684 sand
685 below
686 palace
687 beef
688 salt
689 collect
690 fox
691 climb
692 lip
693 zoo
694 beside
695 mouse
696 customer
697 picnic
698 cage
699 tower
700 exit
701 diary
702 brush
703 cap
704 arrive
705 grey
706 exam
707 dish

708 noon
709 tiger
710 gesture
711 rabbit
712 puppy
713 forest
714 cloud
715 tooth
716 bubble
717 cotton
718 grass
719 helicopter
720 nation
721 potato
722 dentist
723 frog
724 pencil
725 culture
726 battery
727 skirt
728 advise
729 clerk
730 boot
731 lion
732 fry
733 supper
734 academy
735 error
736 sock
737 comedy
738 factory
739 airplane
740 soccer
741 congratulate
742 puzzle

743 branch
744 accent
745 fog
746 crown
747 lazy
748 teen
749 glove
750 spoon
751 elephant
752 balloon
753 cart
754 glue
755 calendar
756 bake
757 hobby
758 curtain
759 jeans
760 leaf
761 clip
762 bee
763 cycle
764 vegetable
765 subway
766 airline
767 triangle
768 scissors
769 carrot
770 sour
771 coin
772 classroom
773 bean
774 rainbow
775 bicycle
776 brake
777 cloth

778 ant
779 umbrella
780 divide
781 engineer
782 grape
783 elementary
784 thirst
785 strawberry
786 dialogue

미국인이
많이 쓰지 않는 단어
(10,000위 밖)
787 restroom
788 textbook
789 cinema
790 aloud
791 zebra
792 countryside
793 pear
794 watermelon
795 dolphin
796 eraser
797 giraffe
798 a.m.
799 livingroom
800 p.m.